DIETA CONTRO LA DIVERTICOLITE

Sommario

CAPITOLO 1

Cos'è la Diverticolite?

Se stai leggendo questo Libro è perché, molto probabilmente, conosci già, o hai avuto modo di conoscere gli spiacevoli disturbi della Diverticolite e vuoi saperne di più. In realtà, questo Libro vuole essere anche, oltre ad una semplice spiegazione di ciò che è di per sé questo Disturbo (invalidante) e, soprattutto molto frequente, una vera e propria guida per riuscire ad affrontarlo e gestirlo al meglio in ogni situazione che si presenti nella vita quotidiana.

Fai conto che questa sia una spiegazione esaustiva di tutto ciò che vorresti sapere a riguardo della diverticolite e che non hai mai potuto approfondire, salvo qualche lettura veloce online. Fai conto anche che da oggi, la Diverticolite, non sia più un problema che ti attanaglia ma un ostacolo che sarai in grado di superare, a testa alta, con estrema facilità perché saprai esattamente, dopo questa lettura, come riconoscerne i sintomi e prevenirli. Saprai, anche, quali cibi mangiare, a quali rimedi naturali ricorrere, quali pasti preparare per vivere una vita sana ed equilibrata senza aver paura (e ribadisco mai più) di stare male a causa di questo disturbo fisico.

Uno dei miei scrittori preferiti è, (da sempre), Terri Guillemets. Voglio augurarti una buona lettura regalandoti, in questo libro, una delle sue citazioni che credo essere le più veritiere: Quando si tratta di mangiare in modo corretto e fare esercizio fisico, non c'è un "io inizierò domani". Domani è la malattia.

Esattamente. Non bisogna attendere che quell'inizierò domani diventi la scusa per rimandare, sempre, ciò di cui oggi abbiamo proprio bisogno.

Immagina che questo valga anche con la diverticolite. Non aspettare che questa malattia (o, meglio, disturbo) diventi così impellente al punto da non permetterti più di vivere serenamente la tua vita. Le cene fuori con gli amici, i piatti più prelibati, le giornate di sport e di attività fisica: sono tutte situazioni irrinunciabili! E non sarà di certo la diverticolite ad impedirti di viverle.

Ma cos'è, pensandoci bene, questo disturbo dal nome un po' buffo e particolare?

Guardiamola in modo più approfondito e cerchiamo di trovarle una connotazione specifica, anche se ribadisco, questa non vuole essere una guida medica ma una guida pratica, per aiutarti a vivere meglio e a gestire, al massimo delle tue possibilità, i sintomi che la diverticolite comporta.

Partiamo dai diverticoli intestinali e vediamo

cosa sono.

I diverticoli intestinali sono delle minuscole sacche che si formano, solitamente, nella parete dell'intestino. Qui, sviluppandosi con una frequenza assidua, possono stanziarsi nei diversi livelli del colon. Infatti, la loro particolarità è che possono essere presenti in tutti i distretti dell'apparato digerente. Non esiste un'area specifica in cui "di solito" li si trova, a differenza dei diverticoli che si riscontrano nel piccolo intestino o intestino tenue.

Talvolta, è possibile anche riscontrare un diverticolo a livello dell'esofago, quello che i medici identificano solitamente come il diverticolo di Zenker, che necessita di trattamenti completamente diversi, e che qui mi tratterrò dal presentare.

Parliamo, nello specifico, di diverticolosi del tratto del Colon.

Ci tengo a precisare che quando parliamo di diverticolosi, in qualunque situazione, non facciamo alcun accenno ad una malattia. Chi soffre di diverticolosi non è malato, ripeto, non deve far fronte ad una malattia: chi accusa i sintomi della diverticolosi vive, appunto un disagio, un disturbo che può essere gestito serenamente. Solitamente, una condizione di diverticolosi si verifica nel corso degli anni dato che il colon può presentare quelle che in medicina sono conosciute come le estroflessioni della mucosa intestinale tramite la parete muscolare.

Nella maggior parte dei casi, azzardiamo anche un 99%, la parte del colon che più risulta essere interessata è il sigma (non escludiamo, però, le altre aree nelle quali possono comparire, nel tempo, i diverticoli, anche se in percentuale minore stando alle recenti reportistiche dei casi).

Ma perché si formano i diverticoli e perché

proviamo tanto dolore?

Una delle cause principali, ormai consolidata nel corso degli anni dai migliori nutrizionisti, risiede nella scarsa presenza di fibre vegetali nella nostra dieta quotidiana (non solo mediterranea). Esattamente. Non mangiare fibre vegetali comporta (stando sempre a ciò che i migliori nutrizionisti confermano) un rischio maggiore di formazione di diverticoli.

Mangiare più verdure può dunque contribuire alla prevenzione della formazione dei diverticoli? Sì. Anche se mangiare fibre non ci rende immuni dall'eventuale formazione di questi. Bene è fare chiarezza sul fatto che in questa guida metto in luce ciò che previene, che può contribuire a migliorare, e non ciò che di certo è. Quella è una sede diversa nella quale non desidero addentrarmi.

Abbiamo detto che i diverticoli si formano soprattutto quando non hanno il sufficiente apporto nutrizionale di fibre e di acqua.

Avete presente quando il vostro intestino compie dei movimenti disturbanti e voi avete la sensazione di pesantezza e spossatezza? In realtà, l'intestino, compie quei movimenti nel tentativo di far progredire le feci che sono presenti nel suo lume: una maggior presenza di fibre vegetali apporterebbe una migliore velocità di progressione del contenuto fecale, facilitando il lavoro dell'intestino.

Così, se questo non trova la giusta quantità di fibre all'interno del lume, inizia a compiere dei movimenti più incisivi e la sua spinta diventa ancora più forzata (e dolorosa). Questa spinta porta e contribuisce alla formazione dei diverticoli in quelle aree presenti all'interno delle aree di minore resistenza all'interno della parete intestinale.

Leggendo online (articoli che sono alla portata di tutti) scopriamo che, proprio di recente, si è potuto assistere ad un notevole incremento di questo disturbo, sempre più noto soprattutto al pubblico femminile. Nella maggior parte, stimando un target, ci troviamo di fronte a pazienti dai 40/50 anni in su. La frequenza aumenta notevolmente, ma non è il caso di allarmarsi: è, ripetiamo, un disturbo gestibilissimo, basta fare attenzione! Pur parlando però, di pazienti attorno ai 40/50 anni dobbiamo precisare che i giovani non sono completamente esonerati dal presentare, precocemente, la diverticolite ed i suoi sintomi. Purtroppo l'incidenza di questo incremento è in aumento tanto nei giovani quanto negli adulti, per questo motivo è bene prestare attenzione a ciò che mettiamo in tavola, perché sì! Come ben sappiamo, la causa principale resta, sempre e comunque, l'alimentazione.

Negli ultimi dieci anni è stato registrato, solo in Italia, un aumento che oscilla frequentemente fra il 50% e il 70% in più di casi. Nei paesi occidentali si stima, purtroppo, che nei prossimi anni questi dati saranno sempre più in aumento.

Non allarmiamoci però! I diverticoli sono un disturbo piuttosto comune, e lo sappiamo. Quindi dobbiamo provare ad affrontare questo disturbo con il massimo della serenità, perché è possibilissimo, e ripeto lo è, riuscire a gestire questi sintomi. Solo una percentuale bassissima (si tratta dell'1% deve, ad oggi, ricorrere all'intervento chirurgico).

Le donne sono le pazienti più colpite, perciò care donne, mettiamoci ai fornelli e proviamo a correre ai ripari, senza paura! Piccola notazione di carattere scientifica. Se leggete la parola appendicite associata alla parola diverticolite è normale! Non sono la stessa cosa, assolutamente, ma è bene precisare che la diverticolite è chiamata dai medici "appendicite sinistra". Solo per questo motivo, a volte, si rischia di fare confusione fra malattia e disturbo. Inoltre, i sintomi che la diverticolite comporta sono molto, molto simili alle patologie del colon irritabile, quindi fare confusione è normale. Ora però tieni a mente questo schema, poi capirai perché: diverticoli infiammati – diverticolosi – diverticolite.

Come vedi, la diverticolite è l'ultimo step di questo procedimento e nonostante tutto non rimane una malattia. Ora ti spiegherò nel dettaglio.

La diverticolite è dunque l'infiammazione (finale) dei diverticoli. Un disagio che, (ho piacere di ripetere più volte), da non sottovalutare e che, soprattutto, può essere prevenuto o meglio controllato, con una attenzione allo stile di vita e soprattutto a tavola.

Per il proprio benessere è importante mangiare molte fibre, abbondante frutta e verdura, in genere, ma non nelle fasi di infiammazione acuta (lo vedremo successivamente nel dettaglio). Ecco alcuni consigli che voglio riportarvi (appresi dagli specialisti) dei cibi consigliati, dei cibi da consumare con moderazione e da evitare, aggiungendo in più qualche strategia preventiva da non scordare.

Ma sai cosa sono i diverticoli, nello specifico?

Ne abbiamo parlato tanto e scritto di questo abbondantemente. Vediamoli più da vicino.

I diverticoli per definizione online sono estroflessioni, come se fossero delle piccole ernie, della mucosa intestinale che si presentano sotto forma arrotondata. Le loro dimensioni possono variare, possono essere piccole come un pisello o più grandi come delle nocciole, ed interessano tutta l'area del colon, nello specifico, il tratto discendente. Immaginale come delle minuscole cavità, che si formano in molti punti dell'apparato digerente, ma che disturbano soprattutto il tratto del colon. Ricordiamoci sempre che sono asintomatici rispetto alla diverticolite e che solo in rarissime situazioni, a causa della diverticolosi, si deve ricorrere ad un'operazione.

Se mangio male, quindi, sono un soggetto più a rischio e quindi è più facile che io possa sviluppare un'infiammazione da diverticolosi?

La risposta è sì! Lo sei. Lo sei, lo siamo. Ed ora ti spiegherò (pur avendolo già accennato) brevemente perché.

Come detto pocanzi, una buona alimentazione è alla base di uno stile di vita sano e salutare. Siamo costantemente bombardati da tipologie infinite di diete che si susseguono l'un l'altra con sempre più frequenza. In realtà, il segreto e la soluzione a questo problema, è semplice: per prevenire la diverticolite ed i disturbi ad essa connessi basta iniziare una dieta ricca di verdure e di fibre vegetali.

So che ti starai chiedendo se questi semplici e

piccoli accorgimenti possano davvero essere esaustivi nella risoluzione di questo problema. Eppure, posso assicurarti che è così, perché come ho più volte ribadito: la diverticolite non è una malattia vera e propria, è un disturbo.

Prima che vi siano i primi sintomi è bene però fare una precisazione. Nel momento in cui iniziamo a sentire i primi dolori, i primi fastidi, le prime infiammazioni nella zona del colon è perché la diverticolite si sta manifestando e può essere preventivamente "curata". Prima di arrivare a questa manifestazione concreta però, il nostro organismo ci sta lanciando già dei segnali attraverso quella che si chiama la diverticolosi che, viceversa, non dà alcun disturbo e può essere scoperta per puro caso attraverso un'analisi approfondita come una colonscopia.

Diverticolosi e diverticolite, sono la stessa cosa? Assolutamente no!

La diverticolosi è un'anomalia congenita,

asintomatica che, come abbiamo più volte ribadito, non dà segni di sé e viene scoperta occasionalmente durante una semplice visita di controllo. Solo quando i diverticoli si infiammano (diverticolite) insorgono i sintomi tipici della malattia diverticolare, che tratteremo in modo più approfondito in questa guida per controllarne i disturbi.

Come faccio a sapere se soffro di diverticolite?

Partiamo con il porci delle semplici domande! Se la risposta alle seguenti domande è affermativa allora sì, potreste soffrire di diverticolite.

Avete dolori addominali di recente insorgenza?

Questi dolori iniziano spesso dopo il pasto?

Avvertite particolari dolori soprattutto dopo che avete mangiato alimenti specifici?

Alternate, a questi dolori, dei momenti di

diarrea o stitichezza?

Avvertite, nello specifico, un dolore pungente localizzato nel fianco di sinistra?

Se avvertite l'insorgenza di questi sintomi, allora prestate più attenzione al vostro corpo e cercate di capire se questo può essere un disturbo momentaneo o l'insorgere di una patologia. Abbiamo più volte ricordato che è bene tenere a mente quanto la diverticolite non sia una malattia e che sia facilmente curabile attraverso una sana e corretta alimentazione.

Il miglior trattamento che si possa attuare per alleviare questi sintomi è l'inizio di una dieta ricca di fibre accompagnata da abbondante acqua.

Tu bevi almeno otto bicchieri di acqua al giorno?

Un luogo comune è che la colazione sia il pasto più importante della giornata e questo è tanto noto a tutti, quanto veritiero. Ma non basta apportare la giusta dose di calorie per avere l'energia necessaria per affrontare una giornata al massimo della concentrazione. O meglio, non basta solo questo. Un elemento fondamentale per la nostra sopravvivenza e per il nostro benessere è appunto avere, all'interno del proprio organismo, la giusta quantità di acqua. L'acqua, per il nostro organismo è puro motore! Inoltre, gioca un ruolo centrale nella digestione e nella regolarità intestinale.

La sua funzione è indispensabile per il benessere del corpo, in generale; nello specifico evita che si vengano a formare le feci consistenti, causa principale di stitichezza e stipsi. Bisogna bere, quotidianamente, acqua a sufficienza per stare bene. Insomma, una buona idratazione è fondamentale anche per prevenire il disturbo della diverticolite. Ricapitolando: più fibre e più acqua sono degli ottimi alleati per prevenire tempestivamente le infiammazioni da diverticolite.

Sapevi che le feci sono costituite per il 75% di acqua? E che, a differenza di quanto di possa pensare, una gran parte della massa fecale si forma durante il digiuno, in quanto non è di origine puramente alimentare. Per questo motivo, seguire una dieta corretta e salutare è importante perché apporta la giusta quantità di fibre che, trattenendo l'acqua, aumentano il volume delle feci facendone diminuire la consistenza e, a loro volta, facilitano la progressione di queste all'interno dell'intestino e del retto (fino all'evacuazione).

Ricorda perciò che la soluzione migliore è bere ALMENO DUE LITRI DI ACQUA AL GIORNO, come tutti i medici e nutrizionisti sono soliti ricordarci. L'acqua in abbondanza è il tuo rimedio, posto accanto ad una dieta equilibrata e ricca di fibre, per combattere la stitichezza occasionale e la stipsi cronica.

Molti sono gli aggiornamenti scientifici inerenti all'importanza dell'idratazione per il nostro organismo come, ad esempio, un famoso studio pubblicato recentemente sull'American Journal of Gastroenterology in cui i ricercatori, prendendo in esame oltre ottomila adulti, hanno somministrato loro un questionario sulla consistenza delle loro feci, sulla tipologia di dieta che erano soliti seguire e sulla quantità di liquidi che, quotidianamente, apportavano al loro organismo. Il risultato è stato esaustivo e chiarificatore: tra le persone che consumavano pochissimi liquidi il problema stitichezza (o del comunissimo "intestino pigro") era più frequente rispetto a chi, invece, beveva almeno un litro e mezzo/due di acqua al giorno.

Bere fa bene, al corpo, alla mente e al tuo intestino. Infatti, idratando il tuo corpo apporterai dei benefici notevoli al tuo organismo e, soprattutto, avrai la possibilità di mantenere la tua regolarità intestinale ottima.

Non dimentichiamoci mai dell'importanza dell'acqua, ad oggi, un rimedio naturale del quale non possiamo fare a meno.

Non riesci a bere abbastanza? Tendi a disidratare il tuo corpo e a non dargli la giusta quantità che necessita?

Fai conto di bere otto bicchieri di acqua. Non riesci? Inizia volta per volta con 4/5. Vedrai che sarà solo una questione di cambio di abitudini e che, seppur le prime volte dovrai importelo e fare dei sacrifici in più, successivamente inizierai a sentire bisogno di bere, naturalmente.

Fai una prova.

Riuscirai.

CAPITOLO 2

Sintomi della diverticolite e cause possibili

"La mattina quando vi alzate, fate un sorriso al vostro cuore, al vostro stomaco, ai vostri polmoni, al vostro fegato. Dopo tutto, molto dipende da loro". (Thich Nath Hanh).

Prevenire la diverticolite si può, ma è necessario riconoscere i sintomi per fronteggiarli. Con il tempo, diventa sempre più comune il problema dell'intestino pigro, non c'è da preoccuparsene, capita alla maggior parte delle persone di soffrirne. L'importante è sapere che non siamo di fronte ad una malattia ma che possiamo risolvere, facilmente, questo problema apportando solo la giusta quantità di acqua e di fibre al nostro intestino.

In questo capitolo vedremo più da vicino quali sono i sintomi, in primis, che si avvertono in seguito alla comparsa del disturbo di diverticolite e quali possono essere le cause più comuni.

I primi sintomi più comuni, che fanno presupporre la presenza della diverticolite e che quindi possono essere identificati come campanello d'allarme, sono (riassumendoli genericamente) i seguenti. Ricordiamoci però che solo quando uno o più diverticoli si infiammano si presentano i primi disturbi, che possono essere ancora del tutto aspecifici.

Ecco un rapido elenco dei sintomi e segni più comuni:

- gonfiore addominale e crampi;
- doloretti a livello del fianco sinistro più o meno acuti;
- alternanza di momenti di stitichezza a momenti di diarrea;

- sintomi comunemente associati al disturbo del "colon irritabile";
- fastidio, dolore o crampi addominali in seguito al pasto;
- fastidio eccessivo prevalentemente dopo aver mangiato alcuni alimenti;
- meteorismo e flatulenza eccessiva;
- addome acuto;
- atonia Intestinale;
- distensione addominale;
- dolore addominale alla palpazione;
- dolore all'ombelico;
- dolore alla bocca dello stomaco;
- gorgoglio addominale;
- massa addominale;
- nausea;
- perforazione gastrointestinale;
- peritonismo.

Nei casi più gravi può comportare: febbre; dolori più intensi rispetto a quelli elencati in precedenza; complicanze emorragiche.

PS: Non dimenticare mai che i diverticoli e la diverticolosi sono asintomatici.

Hai qualche sintomo qui di sopra elencato che è comparso di recente? Verificane la sua persistenza e poi rivolgiti al tuo medico curante per confrontarti su questi sintomi. Molto probabilmente anche lui ti dirà che è associabile ad una condizione di colon irritabile o di diverticolite.

– Cause possibili?

Ricordati che il problema principale è un'alimentazione sbagliata ed una scarsa idratazione, come più volte ricordato. La causa dipende esclusivamente dalla dieta sbagliata che stai seguendo. Quindi, come puoi favorire questa regolarità intestinale? Il punto ruota attorno, sempre e comunque, a due fattori FONDAMENTALI: ACQUA E FIBRE.

Per prevenire la diverticolite è necessario bere molto, lontano dai pasti, e soprattutto aumentare la quantità all'interno della propria dieta di fibre alimentari, verdura (quella che preferisci) e tanta, tanta frutta. Se anche modificando la tua dieta, non riesci a controllare la regolarità intestinale, allora puoi ricorrere a qualche apporto aggiuntivo di fibra chiedendo al tuo farmacista di fiducia.

Non bisogna irritare le pareti intestinali passando da una dieta poco bilanciata ad una ferrata con un apporto eccessivo di fibre. L'importante è fare tutto gradualmente, permettendo al tuo intestino di adattarsi e modificarsi naturalmente.

Non dimenticare che tutti i liquidi, escluse le bevande alcoliche e quelle a base di caffeina, contribuiscono ad ammorbidire le feci e ad aumentarne la massa facilitandone il transito e l'espulsione.

Quindi oltre all'acqua puoi concederti delle deliziose tisane, infusi aromatici, sbizzarrendoti con i gusti che più ti piacciono.

CAPITOLO 3

I rimedi naturali per combattere la diverticolite

L'acqua è il primo rimedio naturale contro la diverticolite e, più in generale, contro la stitichezza. Ovviamente, c'è acqua e acqua, si sa. Per chi ha la tendenza all'intestino pigro, con episodi frequenti di stitichezza, utilissime sono le acque (provare per credere) con buone quantità di magnesio. L'acqua magnesiaca ha una presenza di questo minerale superiore ai 50 milligrammi per litro.

Sapevi che le acque con elevate concentrazioni di magnesio aiutano a combattere la stitichezza e regolarizzando l'equilibrio acido-basico dell'organismo? Le acque solfate, anche, hanno ottime proprietà che contribuiscono a porre rimedio alla sindrome da colon irritabile.

Le uniche cure di cui disponiamo sono naturali: una sana alimentazione è la via giusta da percorrere per il nostro benessere intestinale. Gli integratori, ad esempio, possono essere utili per potenziare ed integrare alcune delle carenze alimentari che abbiamo. Dall'interno facilitano l'assunzione di vitamine, fibre, antiossidanti che solitamente non riusciamo ad assorbire dai cibi.

Ma quali integratori scegliere?

Ve ne consiglio alcuni da scegliere anche in Erboristeria, se non volete recarvi in Farmacia.

Scegliete delle piante o estratti lassativi a base di fibra solubile (attenzione alla scelta! Devono essere assolutamente NON irritanti).

Ecco qui una breve lista di rimedi naturali per contrastare i dolori fastidiosi della diverticolite:

- semi di psillio e fibra estratta;

- Amorphophallus konjac e glucomannani estratti;
- integratori di probiotici;
- integratori di molecole antinfiammatorie e antiossidanti.

Questi ultimi sono stati identificati (seppur non si conosce ancora oggi la precisa correlazione con la diverticolite) come i migliori nel trattamento delle infiammazioni causate da questa. Scegliete ed integrate la vostra dieta, dunque, con omega 3, antiossidanti polifenolici, antiossidanti vitaminici (A, C, E) e antiossidanti minerali (zinco e selenio).

I benefici saranno imminenti.

CAPITOLO 4

Gli alimenti che facilitano il tuo Benessere

LA DIETA. Semplicemente la giusta e corretta dieta sarà la soluzione al tuo problema. Apportare la giusta quantità di cibi sani comporterà la giusta funzionalità intestinale e permetterà anche la diminuzione dell'infiammazione in corso.

L'obiettivo è quello di concentrarsi riequilibrando quello che è uno scombussolamento intestinale in corso. Ricapitolando, sappiamo che basta attuare quattro semplici comportamenti per migliorare il nostro stile di vita e alleviare i fastidi causati dalla diverticolite. Elenchiamoli velocemente per memorizzarli il più possibile:

– aumenta l'apporto di fibra nella tua dieta

(quantità che dovrebbe ammontare a circa 30-40 grammi giornalieri. Per rispettare questa dose è possibile ricorrere a delle bustine di crusca e di altre fibre a base dipsyllium, glucomannano, disponibili in commercio. Possono essere assunte da sole, con acqua o latte);

- idrata l'organismo, ciò significa bere almeno 1 litro e mezzo di acqua al giorno;

- elimina e/o riduci i grassi, soprattutto di origine animale, ma anche bevande e alimenti zuccherini.

Cucina cibi magri, ovvero senza l'aggiunta di grassi privilegiando le cotture al vapore, al microonde, alla griglia o alla piastra, con la pentola a pressione o in padella antiaderente. Sono da escludere totalmente, in questa fase, la frittura e i bolliti di carne.

In sostanza, che cosa dobbiamo mettere a tavola se iniziamo ad avere a che fare con la diverticolite?

– Alimenti che puoi mangiare:

1) frutta (la scelta per la frutta può essere molto, molto varia a seconda di ciò che più ti piace. Scegli ampiamente fra prugne, mele, mele cotogne, pere, arance, mandarini, albicocche e frutta secca. È preferibile consumarla cruda, con la buccia (ben lavata) e ben masticata, ma va bene anche cotta o sotto forma di centrifuga filtrata);

2) verdura (privilegiando le specie più ricche di fibre, come ad esempio agretti, asparagi, cavolfiore, carciofi, funghi, broccoli, melanzane, cicoria, patate. Ma c'è anche un altro elemento sul quale prestare attenzione: l'acqua, come sappiamo, aiuta ad aumentare il volume delle feci. Pertanto, le verdure che la trattengono meglio sono la lattuga, il

radicchio, il sedano e le carote, le zucchine e le cipolle. Sono particolarmente indicati anche, in questa dieta, i centrifugati di verdure. Prova a consumare almeno una porzione di verdura a pranzo o cena, cruda o cotta a tuo piacimento e, se preferisci, prepara anche dei minestroni o dei passati di verdure;

3) cereali integrali (ricordati sempre di alternare i cereali raffinati, quali pane, pasta, riso con quelli integrali).

Ci sono alcuni alimenti, però, che è bene consumare con moderazione. Non vengono esclusi completamente dalla dieta ma se ne consiglia, spassionatamente, un uso moderato. Sarebbe infatti preferibile consumare in quantità ridotte o di rado la frutta e la verdura con semini (come ad esempio le fragole, i kiwi, i frutti di bosco, i fichi d'india, i pomodori e così via) ma anche verdure con fibre molto dure e filamentose (come i finocchi, i carciofi, i fagiolini).

E le spezie piccanti? Anche queste, purtroppo, è opportuno consumarle con moderazione. Pepe, peperoncino, cacao, curry. Non rinunciare, se ti piacciono, ma usali di tanto in tanto!

Infine, ultimo consiglio: ricorda di consumare i legumi prevalentemente passati o centrifugati per eliminare le bucce e di ridurre drasticamente il consumo (almeno per un certo periodo) degli insaccati (salame/salamini, salsicce, prosciutto cotto, wurstel, mortadella per citarne alcuni).

Fra le bevande, di ogni sorta, sarebbe opportuno eliminare le bibite gassate e ricche di fruttosio; abolire l'uso di alcolici e superalcoolici, del tè (sostituiscilo con un delicato o aromatico infuso) e caffè (sempre meglio se deteinato e decaffeinato).

Durante la fase infiammatoria cerca di seguire un regime alimentare molto più rigoroso senza patire la fame! Un po' di accortezza in più sarà più che sufficiente! Meglio, nei primi giorni, ingerire cibi liquidi o semiliquidi eliminando (anche nella prima fase successiva all'infiammazione) i cibi più grassi quali il latte, il burro, i formaggi freschi, gli affettati e insaccati (già citati), i prodotti da forno (biscotti, merendine, torte) che potranno essere reintrodotti (sempre gradualmente) dopo alcune settimane dalla remissione dei sintomi.

Forse sarà difficile per i primi tempi, ma vedrai che restare per un certo periodo "più a stecchetto" sarà solo l'inizio di un percorso alimentare importante in cui imparerai, passo dopo passo, come mangiare per stare bene.

Può sembrare ridondante ma te lo ripeterò nuovamente! Ora che sai cosa NON Mangiare sforzati di NON MANGIARLO! Riduci al minimo ciò che può essere tossico per il tuo intestino e ritrova la tua regolarità ed il tuo benessere partendo da capo!

No agli Alcolici. No al Caffè. No al Tè. No al Cacao. No al Ginseng ed Energy Drink che ti piacciono tanto. No alla Coca Cola, alla Birra e alle bibite più acide. No agli alimenti non masticabili o con residuo solido eccessivo come la frutta secca (ami le noci e le mandorle? Dovrai farne a meno per un certo periodo di tempo). No ai semi della frutta dolce (come uva, melograno, mela e pera). No alla buccia di ortaggi totalmente indigesta (come melanzane, pomodori, zucchine…). No al latte, se soffri soprattutto di intolleranze. No alle spezie e ai cibi piccanti (pepe, peperoncino, zafferano, eccesso di aglio e cipolla, zenzero, rafano). No al cibo cibi spazzatura (addio agli Snack, ai fast-food, ai dolciumi).

Non avere paura di questa lista, so che può sembrarti lunga. Ma servirà a stare bene.

Quindi provaci, vedrai che sarai ripagato dei tuoi sacrifici. Quante volte ti è capitato di provare ed iniziare delle diete difficili, che sembravano impossibili da seguire? Credo tantissime, proprio come tutti! Ma pensa se davvero questa volta riuscirai a trovare la dieta giusta per te che ti permetterà anche di non soffrire più di diverticolite, di colon irritabile, di disturbi gastrointestinali. Prendi questa lettura come una guida veloce, e falla tua per imparare a vivere meglio.

CAPITOLO 5

Dieta per la Diverticolite

Prima di passare al capitolo successivo, in cui ti consiglierò dei piatti deliziosi che possono aiutarti nella tua dieta per scoprire quanta varietà hai di scelta nel preparare cibi deliziosi, vorrei tornare su alcuni punti che è bene che tu abbia ben chiari, nel caso in cui dovessi soffrire di diverticolite.

Prima di tutto, non c'è da aver paura. Come abbiamo precisato e detto molte volte, la diverticolite non è una malattia ma un'infiammazione importante che provoca un disturbo, ma è molto frequente ed è per questo che non c'è da preoccuparsi. Molte persone, soprattutto donne, hanno sintomi molto comuni e frequenti di diverticolite. Sono particolarmente rari i casi in cui è necessario rivolgersi direttamente al pronto soccorso.

I fattori di rischio, che giocano sicuramente un ruolo chiave nel favorire la formazione di diverticoli e nel generare la presenza della diverticolosi, sono vari. Contribuiscono di per sé:

- l'età;
- il sesso femminile;
- le cattive abitudini alimentari;
- l'obesità;
- uno stile di vita sedentario;
- L'assunzione eccessiva e fuori controllo di antinfiammatori.

Si usa definirla comunemente una patologia che colpisce gli anziani, ma non è cosi, sarebbe errato pensarlo. Ormai è un disturbo così frequente che, a causa di un'alimentazione errata, colpisce molti giovani, a differenza di quanto si potesse pensare.

Ricorda che seguire una dieta particolare è solo una raccomandazione che può esserti utile per migliorare il tuo Benessere fisico ma anche mentale. Bere molta acqua ed aumentare il consumo di fibre, frutta e verdura permette all'intestino di lavorare facilmente agevolando la sua motilità. L'acqua e le fibre, in un'alimentazione corretta, potranno facilitare la prevenzione dei sintomi da diverticolite e, conseguentemente, potranno farti stare bene.

I migliori nutrizionisti e medici del settore consigliano di seguire questa dieta porgendo delle attenzioni in più proprio per agevolare la velocità di riduzione dei sintomi. C'è, però chi reputa inutile, in termini di dieta, l'eliminazione di cibi (frutti nello specifico) con i semi, tipo il kiwi. Per loro, si tratta solo di credenze e di luoghi comuni. Tu cosa ne pensi? Ti consiglio di sperimentare, provare e vedere come risponde il tuo organismi in termini di Benessere. Ascoltalo e prova a fornirgli ciò di cui ha davvero bisogno.

L'alimentazione è la base per stare bene. Molte

volte vi sarà capitato di iniziare diete e di avvertire il senso di stanchezza e di spossatezza per una mancanza di giusto apporto calorico al nostro organismo. La colpa non è della dieta, ma della nostra incapacità di scegliere quella giusta per noi, che ci faccia avvertire davvero un senso profondo di Benessere a 360°.

Su questo punto è bene imparare ad ascoltare il proprio organismo e vedere come reagisce. Ciò che conta è che non apporti disturbi ulteriori (come, ad esempio, il gonfiore, il frequente dolore addominale, l'alterazione della regolarità intestinale). Tutti punti critici i diverticoli sono maggiormente presenti.

Ricordiamoci però che, a differenza della sindrome del colon irritabile, I sintomi della diverticolite essendo scaturiti da una vera infiammazione in corso sono e possono essere molto dolorosi. Talvolta il dolore è così acuto da dover ricorrere a degli antibiotici. In questo libro ovviamente si vuol mettere in evidenza la possibilità della prevenzione partendo dalla sana e giusta alimentazione; è chiaro che nel caso in cui i dolori fossero fortissimi è bene ricorrere ad antibiotici specifici.

L'approccio per curare la diverticolite, come abbiamo più volte ripetuto, deve essere principalmente legato alla dieta e può diventare medico solo in alcuni casi. Ad oggi, per fortuna, soltanto l'1% dei pazienti che soffrono di diverticolite necessita del chirurgo. Il restante dei casi parte dalla dieta + antibiotici (nel caso di infiammazione forte per risolvere il problema.

Non allarmarti! Tieni a mente, nel caso in cui avvertissi dolori, che l'intervento chirurgico è quindi riservato a quei casi in cui si verificano solo specifiche complicanze.

Sei vuoi eseguire degli esami diagnostici per una maggiore tranquillità allora richiedi i seguenti:

- colonscopia;
- TAC dell'addome;
- colonscopia virtuale;
- clisma opaco a doppio contrasto.

Grazie alle numerose colonscopie di screening che è possibile effettuare oggigiorno si può scoprire, precocemente, la presenza dei diverticoli in molti pazienti.

Non conosci la Colonscopia virtuale?

La colonscopia virtuale è una sorta di TAC che viene eseguita all'addome. La differenza, rispetto a quella tradizionale è che la Colonscopia virtuale è tridimensionale, è poco invasiva e può essere eseguita rapidamente.

Tornando alla nostra amata dieta, che è ciò che più ci interessa, ricordiamoci che è necessario seguirla in modo più rigido almeno nei primi 15 giorni dalla presenza e comparsa dei primi sintomi. In questa prima fase, si consiglia comunque di intraprendere una terapia antibiotica mensile, oltre alla dieta restrittiva.

Gli antibiotici a rilascio intestinale, ad esempio, sono i più somministrati e sono anche utilizzati nella cura della sindrome del colon irritabile. Si è scoperto recentemente che la somministrazione di particolari antinfiammatori, come per esempio la Mesalazina, costituisce una terapia efficace per trattare la malattia diverticolare.

Dieta sì. Questo è ciò che accetterai serenamente.

CAPITOLO 6

Ricette per stare in forma e combattere la diverticolite

Da diverticolosi e diverticolite è un attimo! Prenditi cura del tuo corpo partendo dalla tavola.

Ricapitolando.

La diverticolosi si manifesta clinicamente quando uno o più diverticoli vanno incontro ad una vera infezione acuta, ed in questi casi il dolore al fianco sinistro si accentua, può comparire febbre, con nausea e raramente vomito: si parla allora di diverticolite, che usualmente, trattata con antibiotici può regredire, ma che in molti casi, particolarmente gravi, può richiedere l'accesso al Pronto Soccorso fino ad essere necessario un intervento chirurgico d'urgenza.

Il quadro clinico della diverticolite acuta non è molto diverso da quello di una appendicite acuta, con la differenza che il dolore in caso di diverticolite è a sinistra, mentre nell'appendicite è a destra.

Il ripetersi di episodi acuti comporta inesorabilmente nel tempo l'evoluzione in diverticolite cronica.

Già, brutto termine eh?

La diverticolite cronica è l'insieme di manifestazioni cliniche che si verificano in seguito a svariati episodi di diverticolite acuta e che comporta una serie di eventi dei quali alcuni molto gravi. Una delle complicanze più gravi è la progressiva riduzione del lume intestinale in quanto il tratto di colon interessato diventando più duro e consistente, provoca la comparsa di stitichezza.

Un disagio da non sottovalutare che può essere prevenuto o meglio controllato, con una attenzione allo stile di vita e soprattutto alla tavola.

Abbiamo più volte accennato ai sintomi che si manifestano: la stitichezza, il meteorismo (flatulenze), le alterazioni dell'alvo e/o i sintomi tipici del colon irritabile possono essere una possibile spia dei diverticoli. Quando uno o più di essi si infiamma, si parla di diverticolite che dà segni di sé con un dolore localizzato nel quadrante inferiore sinistro dell'addome accompagnato talvolta da febbre, nausea o vomito o anche da scariche diarroiche.

Solo in rari casi i diverticoli possono andare incontro a complicazioni e dare origine a sanguinamento, e quindi ad anemizzazione e carenza di ferro, ma anche a dolori addominali molto importanti e, nei casi più gravi, a perforazione intestinale con conseguente peritonite.

Diverticoli per abitudini alimentari sbagliate? Sì! Orami lo sai molto bene anche tu. Imponiti uno stile di vita sano e riparti da questo momento, per restare in salute. Pratica sport: sono sufficienti 20-30 minuti al giorno e un po' di ginnastica per aiutare a mantenere tonici i muscoli della parete addominale, per migliorare la motilità intestinale e per ridurre il ristagno di feci nei diverticoli.

Fumi? Smetti subito! Recenti studi hanno dimostrato che il fumo è nemico (anche) dei diverticoli sia in fase di quiescenza sia soprattutto quando sono infiammati. Veniamo alla parte più "gustosa" del nostro libro e proviamo a lasciare alle spalle tutto ciò che concerne disturbi, sintomi, cause e dolori provocati da questa fastidiosa infiammazione.

Ho pensato di indicarti alcuni suggerimenti per stuzzicare la tua creatività e non lasciarti sopraffare dalla noia culinaria. Ecco alcune ricette gustose, salutari, facili e veloci da preparare per portare il piacere a tavola, pur controllando la diverticolite! davvero ricette semplicissime! Non è vero che per stare bene e mantenerti in forma devi fare diete pericolose, magari rinunciando ai dolci che ti piacciono tanto e a quelle piccole cose che ci fanno godere la vita e che rendono migliore la giornata. La cosa più importante è seguire un'alimentazione sana che sia in grado di soddisfare il palato e mantenerti in forma, senza fare troppe rinunce.

Su Internet ormai, si trovano ricette di ogni tipo, al punto che non sappiamo davvero, a volte, quali scegliere! Alcune richiedono una preparazione molto lunga. Spesso le nostre giornate lavorative o l'infinità mole di cose da fare riducono a zero il nostro tempo. Il rischio è quello di ricadere in piatti veloci ma molto calorici, rinunciando alla salute!

Come fare, dunque, se si ha poco tempo ma si desidera mangiare bene? L'unica cosa che puoi fare è provare ricette salutari e trasformare un momento "normale" in un momento felice (cena o un pranzo che sia) con le persone che ami. Ti consiglio di sperimentare gusti e sapori diversi senza esagerare, scoprendo le ricette più golose ma al tempo stesso salutari. Non è vero che creare un buon piatto, eliminando i cibi pericolosi per la diverticolite non si può! Anzi! Il gusto non deriva dal "grasso e dal condito", ma dalla qualità. Puoi prepararti la pasta più buona del mondo anche solo con dell'ottimo formaggio e del pepe o del delizioso basilico. Migliora la tua cucina giorno per giorno. SPERIMENTA.

Il benessere inizia a tavola, ricordatelo sempre: 80% a tavola e 20% in attività sportive! Sempre!

Le ricette salutari, perché sceglierle? Facile, ti aiutano a seguire una dieta sana e a prevenire diverse patologie o disturbi fisici evitando di ricadere nelle diete pericolose per la tua salute. Eliminando i grassi e i cibi potenzialmente pericolosi per lo stomaco (come il caffè, gli alcolici, i cibi grassi, la carne rossa), aiuterai a disintossicare l'organismo e vivrai una vita sana ed equilibrata. Potrai dire anche addio alla diverticolite, e questo ormai lo sai! Attenzione però. Non sottovalutare mai, mai e poi mai l'importanza ed il valore che ha lo sport nella tua vita. Una buona attività fisica ti aiuterà, infatti, posta accanto ad un'alimentazione sana, a migliorare la qualità della tua vita. Imparerai, piano piano a seguire le buone abitudini e a non cadere in tentazione. All'inizio è dura, ma con il tempo scoprirai nuovi gusti e nuovi sapori.

Ecco quali sono le ricette di cui non potrai più fare a meno! La parola d'ordine in cucina è: creatività, sperimentazione, stupore! Lasciati conquistare dai nuovi sapori e sperimenta! Hai mai provato un piatto vegano? Ed uno crudista? No? Sei sempre in tempo per farlo.

Le ricette vegetariane, vegane e crudiste si possono pianificare per diversificare l'alimentazione durante la settimana e vedere così i primi benefici: provale ed aggiungile alla tua nuova dieta super equilibrata. In queste pagine voglio indicarti qualche pasto alternativo con il quale potrai variare la tua alimentazione puntando al massimo del benessere. E ti spiegherò anche alcune delle proprietà più importanti che daranno valore aggiuntivo al tuo nuovo piatto saporito. Ricette, nuovi ingredienti e spiegazioni dei passaggi per una preparazione perfetta!

Cominciamo!

Fusilli integrali, scarola, zucca e zenzero

Ingredienti per 4 persone:

fusilli integrali 280 g;

zucca 400 g;

scarola 300 g;

olio extravergine di oliva 20 g;

noci 20 g;

Grana Padano Riserva oltre 20 mesi 40 g;

sale e pepe q.b.;

un pizzico di zenzero;

scalogno q.b.

Perché ho scelto la zucca?

Questo alimento è molto importante se lo sperimenti nella tua cucina. In primis, aiuta a ridurre il colesterolo: protegge cuore e arterie a tavola. Oltre alla vitamina A, di cui è ricca, la zucca contiene anche le vitamine C e B1 insieme a molti altri minerali tra cui il calcio, il fosforo, il sodio e il potassio. Nella zucca sono presenti anche molti aminoacidi e tante fibre, delle quali abbiamo ampiamente parlato nei capitoli precedenti. Acqua e fibre, ricordi?

Le proprietà e i benefici della zucca sono molteplici. Leggendo su Wikipedia con il termine "zucca" vengono identificati diversi ortaggi della famiglia dell Cucurbitaceae, la stessa delle zucchine, dei cetrioli, dell'anguria e del melone. La zucca è un alimento povero a livello calorico (soltanto 18 kcal per 100 grammi) ma molto nutriente, con una spiccata azione diuretica e calmante.

Tra i suoi benefici e vantaggi possiamo

annoverare che:

- la zucca sia ricchissima di acqua (94 grammi su un etto di prodotto) e povera di zuccheri, tanto da essere l'elemento più utilizzato nelle diete data la sua alta digeribilità;

- stimola la diuresi;

- contiene tanto carotene: la sostanza che l'organismo utilizza per produrre la vitamina A, con proprietà antiossidanti e antinfiammatorie;

- aiuta a ridurre il colesterolo: protegge cuore e arterie a tavola;

- oltre alla vitamina A, la zucca contiene anche le vitamine C e B1 insieme a molti minerali tra cui calcio, fosforo sodio e potassio;

- presenta anche aminoacidi e fibre.

- proprietà diuretiche e calmanti; i semi contengono infatti la cucurbitina, una sostanza utile nella prevenzione delle disfunzioni e dei disturbi dell'apparato urinario (importante è che protegge anche la prostata). Inoltre, in alcuni preparati, la zucca è un ingrediente di spicco per contrastare la cistite;

- contiene anche i flavonidi, che combattono i radicali liberi dell'ossigeno, mantenendo le cellule più giovani;

- i semi sono ricchi di acidi grassi essenziali, acido linoleico ed alfa-linoleico - rispettivamente Omega-6 e Omega-3.

Preparazione della ricetta.

Prima di tutto, pulire bene la zucca, tagliarla a fettine e lessarla. Tritare, successivamente, lo scalogno e farlo rosolare in una pentola capiente. Aggiungere la scarola tagliata a fettine e poi la zucca. Mescolare bene e aggiustare di sale e pepe. Proseguire con l'aggiungere lo zenzero e le noci tritate.

Spegnere il fuoco e, contemporaneamente, lessare la pasta. Una volta scolata la pasta, saltarla in padella con il sugo preparato e spolverare, infine, con il Grana Padano DOP.

Farro con verdure e pollo alle erbe aromatiche

Ingredienti per 2 persone:

300 g di farro;

250 g di petto di pollo;

80 g di Grana Padano;

150 g di asparagi;

250 g di zucchine;

1 melanzana;

1 carota;

1 mazzo di erbe aromatiche tritate (fate un mix di timo, salvia, prezzemolo, basilico);

5 cucchiai di olio extravergine;

brodo vegetale;

brodo vegetale aromatizzato;

sale q.b.;

pepe q.b.

Per il brodo vegetale aromatizzato:

1 cipolla;

1 carota;

1 costa di sedano;

2 chiodi di garofano;

2 bacche di ginepro;

4-5 granelli di pepe;

1 pomodoro;

sale q.b.;

1,5 l d'acqua.

Preparazione della ricetta.

Lavare tutte le verdure e tagliatele a pezzetti piccoli. Tenere da parte le punte degli asparagi mettendo le verdure restanti in un tegame antiaderente, insieme ad un cucchiaio d'olio e 2-3 cucchiai di brodo vegetale aromatizzato, preparato precedentemente. Successivamente, fare cuocere per una decina di minuti e aggiungere, solo all'ultimo, le punte degli asparagi che cuocerete solo per qualche minuto. In una casseruola a parte, cuocere il grano nel brodo bollente, scolarlo, metterlo in una terrina e condirlo con la dadolata di verdure, 2 cucchiai di olio e del pepe. Mescolare il tutto e lasciare che si raffreddi. Intanto, condire e mettere 2 cucchiai di olio in una padella antiaderente. Lasciare riscaldare un pò e aggiungere il petto di pollo (precedentemente tagliat a fette spesse di 2 cm) facendolo rosolare per qualche minuto portandolo a cottura. Aggiungere, se lo gradite, il brodo aggiustando il condimento con sale.

Aggiungere le erbe aromatiche per insaporirlo. Servire nei piatti caldo ponendo in una coppa il farro con le verdure (sarà un piatto gustoso e completo). Aggiungete se vi piace un'ottima quantità di Grana Padano DOP. Infine, spolverate il tutto con del pepe.

Alcuni consigli sulle possibili erbe da utilizzare in questa ricetta:

basilico;

prezzemolo;

origano;

erba cipollina;

menta;

rosmarino;

salvia;

timo.

Polpette di Salmone al Forno

Le polpette sono sempre un piatto completo da proporre agli ospiti come secondo piatto, in quanto sono semplici da preparare ma super gustose e saporite. Potete sbizzarrirvi con quelle di merluzzo, di tonno, di ricotta, di lenticchie, di ceci (per delle varianti super), accompagnate da un contorno di verdure, come insalata, piselli fini e cavoletti.

Il salmone è uno dei pesci più ricchi di omega 3 come ben saprete, ma non solo! Fra tutti è il pesce anche più ricco di proteine, di vitamine e minerali. Informazione aggiuntiva: il suo apporto calorico è di circa 178 kcal per 100 g di alimento cotto.

Ingredienti per 4 persone:

450 g di salmone;

2/3 uova;

2/3 patate viola;

prezzemolo q.b.;

1 buccia di limone da grattugiare;

pangrattato (comprtelo già preparato);

sale;

q.b. olio extra vergine di oliva;

300 g piselli surgelati;

1 broccolo grande.

Preparazione della ricetta.

Occupatevi in primis delle patate: fatele lessare, poi sbucciatele e schiacciatele. A parte, sminuzzate grossolanamente il salmone e aggiungetelo alle patate in una ciotola. Mescolate bene fino a rendere il tutto un composto uniforme.

Aggiustare con un pizzico di sale, un uovo, il prezzemolo che avrete tritato precedentemente e la scorzetta di limone biologico grattugiata. Continuate a mescolare l'impasto e, quando sarà omogeneo, create le polpette.

In due piatti mettete, da una parte, l'altro uovo che avrete sbattuto, mentre dall'altra il pangrattato. Prendete ciascuna polpetta e passatela prima nell'uovo, poi rotolatela nel pangrattato. Quando sarà pronta, sistematela in una pirofila, che avrete unto leggermente con l'aiuto di un pennello da cucina.

Infornate le polpette a 180° per una ventina di

minuti, girandole di tanto in tanto.

Per il Contorno:

In una padella con due cucchiai di olio e un po' d'acqua, cuocete i piselli surgelati per circa 10/15 minuti.

Lavate accuratamente il broccolo, poi separate le cimette dal torsolo. Cuocetelo al vapore per 15 minuti circa. Quando sarà pronto, rimuovetelo dal cestino. Condite i piselli e il broccolo con un pizzico di sale e un filo d'olio e serviteli insieme alle polpette di salmone ancora calde.

Sapevi che il salmone appartiene al I° Gruppo Fondamentale degli Alimenti (cibi ricchi di proteine ad alto valore biologico)? È uno degli alimenti più importanti in assoluto dal punto di vista nutrizionale, perché è anche ricco di grassi polinsaturi, certi minerali e vitamine.

C'è ancora qualcosa che devi sapere! Il pesce salmone contiene una discreta quantità di colesterolo ma è privo di fibre. Perché l'ho inserito? Perché è importante che la nostra dieta sia variegata. Le fibre sono importanti così come lo sono anche altri alimenti, dal punto di vista proteico. Non apporta glutine e lattosio.

L'istamina presente nel salmone è pressochè irrilevante. Guardiamolo dal punto di meramente vitaminico e salino. Sono notevoli i livelli delle idrosolubili presenti nel salmone: tiamina (vit B1), niacina (vit PP), piridossina (vit B6) e cobalamina (vit B12), ma anche del liposolubile retinolo ed equivalenti (pro vit A). Molto buone anche le concentrazioni dei sali minerali: fosforo e selenio. Il contenuto in sodio è molto, molto basso. Attenzione: parliamo di salmone, non di salmone affumicato. La differenza esiste, consiglio di usare una giusta quantità di salmone evitando cibi affumicati.

Branzino al Forno con Carciofi

Il branzino ai carciofi è un'ottima ricetta se si vuole liberare la propria creatività in cucina e seguire un'alimentazione corretta. Infatti, questa verdura apporta al nostro organismo molto di più di ciò che pensiamo.

Oltre ad essere un piatto molto sfizioso e delicato, che può essere preparato sia in padella che al forno (per una cottura più leggera) che viene arricchito dall'utilizzo di spezie (timo, prezzemolo, salvia, rosmarino, basilico, pepe, tutto quello che più preferite, non ci sono regole!).

Grazie alle spezie che si utilizzano nella preparazione di questo piatto, faccio soprattutto riferimento al rosmarino e all'aglio questo piatto può essere sbalorditivo se presentato di fronte ad ospiti.

Perché il carciofo fa così bene al nostro organismo? Perché inserirlo più spesso nella nostra dieta?

Il carciofo ha, prima di tutto, pochissime calorie. Pensate, solamente 22 kcal ogni 100 g ed è molto ricco di fibre, fondamentali per la flora intestinale. È, soprattutto, indicato dai nutrizionisti nelle diete che devono seguire le persone che soffrono di diabete. Si annoverano, tra i suoi benefici una ricco apporto di potassio, magnesio, ferro, fosforo così come di complessi vitaminici (A, gruppo B, C, E, K).

Ingredienti per 4 persone:

2 o 1 branzino;

5 carciofi;

1 ramo di rosmarino;

1 spicchio di aglio (potete anche farne a meno se non lo digerite);

1 limone Bio;

olio d'oliva extravergine q.b.;

sale.

Preparazione della ricetta.

Pulite prima di tutto i carciofi ponendo attenzione nell'eliminare la parte superiore con le spine e le foglie più dure (potete vedere su youtube video su questo, sono semplicissimi e veloci da pulire, non abbiate paura!). Dopo, tagliateli a spicchi e lasciateli a bagno in acqua abbondante precedentemente condita con il succo di limone. Lasciate riposare per un pò. Passate al pesce. Lavatelo sotto l'acqua corrente (prendetelo già pulito se preferite o pulitelo voi con cura). Nel frattempo tritate il rosmarino e, se lo utilizzate, schiacciate l'aglio (giusto uno spicchietto) e passatelo sul pesce per dargli sapore. Ricordatevi di cospargere il pesce sia all'esterno che all'interno con il trito precedenemente ottenuto.

A questo punto, scolate i carciofi e metteteli in una pentola con 2 o 3 cucchiai di olio extravergine d'oliva e dell'acqua. Lasciate cuocere il tutto per una decina di minuti a fiamma vivace lasciando che l'acqua si secchi e spegnete il fuoco.

Mettete il branzino in una pirofila e aggiungete un filo d'olio, sale e pepe. In un'altra pirofila mettete i carciofi e infornate tutto in forno preriscaldato a 200 °C. Cuocete per 25 minuti. Quando il branzino sarà cotto, trasferitelo sul piatto da portata e irroratelo con il fondo di cottura e servite.

Vediamo più da vicino le proprietà ed i benefici dei carciofi.

I benefici maggiori che il carciofo apporta al nostro organismo riguardano il fegato (infatti, ne garantisce il corretto funzionamento, aumenta la secrezione della bile favorendo la digestione dei grassi e la contrazione della cistifellea, promuovendone lo svuotamento), le sue doti per abbassare il colesterolo cattivo, per migliorare digestione e la diuresi e per alzare la pressione del sangue grazie al contenuto di potassio. Inoltre, carciofo viene considerato da diverse ricerche scientifiche anche come un naturale protettore contro il cancro, grazie soprattutto all'alto contenuto di antiossidanti.

Non dimentichiamoci mai che i carciofi contengono quantità di ferro piuttosto elevate che li rende un valido alleato in caso di anemia. Ricordate però che, per favorire l'assorbimento del ferro, è necessario assaporare i carciofi con una fonte di vitamina C, ad esempio il succo di limone.

Ps: il carciofo è anche un ottimo alimento dalle notevoli proprietà depurative!

Pasta proteica al profumo di balsamico con Mazzancolle, Cavolo Cappuccio e Zucchine

Un piatto completo, bilanciato e super gustoso per dare un tocco di novità e di allegria ai vostri pranzi e alle vostre cene, in casa o fuori porta! Facile e veloce da preparare. Gustalo da solo o in compagnia!

Ingredienti per 1 persona:

50 g pasta proteica (quella che più preferisci);

3 spiedini di mazzancolle con pangrattato;

1 zucchina piccola;

50 g di cavolo cappuccio tagliato fine q.b.;

sale, pepe, limone;

1 cucchiaio di aceto balsamico;

1 cucchiaio di olio extravergine d'oliva.

Preparazione della ricetta.

Riempire una pentola di acqua ed accendete il fuoco. Raggiunta l'ebollizione versate 50 g di pasta proteica e cuocetela per circa 7 minuti. Nel frattempo, scaldate una padella antiaderente, tagliate le zucchine, il cavolo cappuccio e saltateli in padella con sale, pepe, limone e un cucchiaio di aceto balsamico. Cuocete ora le mazzancolle da ambo i lati sulla griglia senza l'aggiunta di olio o altri grassi. Scolata la pasta e unitela al sugo, saltatela in padella con un cucchiaio di olio evo per 2 minuti.

Et voilà il vostro pranzo è servito!

Non ti piace il Cavolo?

Sappi che non puoi proprio farne a meno se hai problemi e disturbi di diverticolite. Prima di tutto è un alimento riconosciuto come un antinfiammatorio naturale, quindi assolutamente utile!

Dando un'occhiata su internet (non dovete necessariamente essere degli esperti), tra le caratteristiche benefiche dei cavoli spiccano le proprietà antinfiammatorie. L'infiammazione è la causa principale disturbi come, appunto, la diverticolite, ma anche di vere e proprie malattie come artrite, patologie cardiache e autoimmuni, che possono comparire a causa di un eccessivo consumo di prodotti di origine animale.

Dunque, il cavolo è un potente antinfiammatorio naturale, in grado di prevenire e di alleviare le patologie infiammatorie e deve per forza essere servito sulla vostra tavola!

Sapevi che il cavolo è addirittura più ricco di ferro della carne?

Eh, già! Infatti, il cavolo è ricco di ferro. Contiene più ferro di una bistecca, pensa! L'assimilazione del ferro contenuto negli alimenti di origine vegetale è facilitata dal consumo di cibi ricchi di vitamina C. Inoltre, questo ortaggio (perché è un ortaggio) contiene più calcio per caloria del latte intero. Provalo ed inseriscilo nella tua dieta sana ed equilibrata, ne vedrai fin da subito, sicuramente, i benefici!

Spaghetti ricotta e spinaci

Ingredienti per 4 persone:

Spaghetti Integrali 320 g;

Spinaci 400 g;

Ricotta vaccina 300 g;

Grana Padano DOP grattugiato 100 g;

Noce moscata 1 pizzico;

Olio extravergine d'oliva 20 g;

Aglio 1 spicchio;

Sale fino q.b.;

Pepe nero q.b.

Preparazione della ricetta.

Per preparare gli spaghetti ricotta e spinaci, iniziate mettendo sul fuoco l'acqua per bollire la pasta e quando sarà a bollore, salate a piacere. Quindi iniziate lavando accuratamente gli spinaci, tamponateli con carta da cucina. In un tegame capiente versate l'olio d'oliva extravergine e lo spicchio d'aglio mondato intero. Fate imbiondire l'aglio quindi unite gli spinaci e coprite con il coperchio; basteranno pochi minuti di cottura.

Otterrete così spinaci morbidi ma non sfaldati. Quindi eliminate lo spicchio d'aglio e trasferite gli spinaci nel bicchiere alto di un mixer ad immersione, poi frullateli. Dovrete ottenere una purea. Trasferite la purea in una padella capiente dai bordi alti e aggiungete la ricotta, tenendo il fuoco molto basso, mescolate con una spatola per amalgamare gli ingredienti. Unite dell'acqua di cottura della pasta se necessario per dare maggiore cremosità al condimento, quindi cuocete per circa 5 minuti a fuoco basso e passato il tempo necessario aggiungete il formaggio grattugiato e mescolate. Poi aromatizzate con noce moscata, sale e pepe a piacere.

Nel frattempo, cuocete gli spaghetti integrali e quando saranno al dente trasferiteli nel tegame con ricotta e spinaci, quindi unite un mescolo di acqua di cottura degli spaghetti. Mescolate per insaporire e amalgamare gli ingredienti e servite gli spaghetti ricotta e spinaci appena pronti. Buon appetito!

Lasagne alle lenticchie

Per preparare questa ricetta super sfiziosa, ti serviranno questi ingredienti. Lo so, la lasagna non è dietetica ma non devi soffrire! Sarà comunque una valida alternativa alla domenica, così da concederti il sapore senza rinunciare al benessere! Una lasagna un po' più light delle altre, diciamo così!

Ingredienti per 4 persone:

500 grammi di lenticchie;

Ricotta salata e parmigiano;

Mozzarella;

Besciamella;

Aglio;

Concentrato di pomodoro;

Sedano, cipolla e carota;

Lasagne;

Olio;

Un litro e mezzo di acqua;

Sale e pepe;

Noce moscata.

Preparazione della ricetta.

Prima di tutto, devi preparare il soffritto di carota, sedano e cipolla con un filo di olio. Lascia cuocere e aggiungi le lenticchie. Insaporisci anche con due spicchi di aglio. Comincia a girare e aggiungi un litro e mezzo di acqua. Adesso, servono sale, pepe e concentrato di pomodoro (2-3 cucchiai al massimo). Prepara la besciamella a parte, aggiungendo la ricotta e la noce moscata.

Bastano 7 cucchiai di ricotta per creare la salsa della lasagna.

Ora, prendi una teglia da forno e crea gli strati delle lasagne. Base in pasta, composto, mozzarella in fette, salsa, altro strato, fino a riempire completamente la teglia. Non ti resta che mettere in forno per mezz'ora a 190 gradi.

Lenticchie: tutte le proprietà nutritive e i benefici che le rendono un toccasana per la tua salute!

A Capodanno le lenticchie rappresentano simbolicamente fortuna e ricchezza, ma la cosa più importante è che le lenticchie sono anche ricche di vitamine, fibre, sali minerali e altre sostanze nutritive importanti per la salute.

Scopriamo insieme le proprietà, benefici delle lenticchie e perché è importante inserirle nella nostra dieta.

Le lenticchie sono degli alimenti ricchi di

proteine vegetali e contengono anche molti carboidrati, tante fibre, molte vitamine, soprattutto A, B1, B2, C, PP, sali minerali come calcio, potassio e ferro e pochissimi grassi. Proprio per l'alto contenuto proteico, le lenticchie vengono considerate una valida alternativa a un secondo a base di carne, pesce, uova o formaggio. Perfette, inoltre, anche come primo piatto, da consumare insieme alla pasta e al riso: questo abbinamento rende più facile l'assimilazione delle proteine.

Ed i benefici delle lenticchie?

Scopriamoli subito insieme. Le lenticchie sono, infatti, tra i legumi dotati della più efficace azione antiossidante. L'elevato contenuto di fibre permette invece di regolarizzare l'attività dell'intestino e mantenere sotto controllo il colesterolo. Inoltre, lo scarso contenuto di grassi di tipo insaturo rende le lenticchie un alimento perfetto per la prevenzione di alcune patologie cardiovascolari.

Insalata di farro

Antipasto veloce per un pasto di gruppo o un saporito primo piatto da gustare da soli, questa insalata è facilissima da preparare. In più, è una ricetta molto fresca, ideale per l'estate ma anche per i pranzi in ufficio sempre super veloci.

Ecco gli ingredienti che ti serviranno (per 4 persone):

280 grammi di farro;

1500 grammi di peperoni;

Sale;

Olive nere denocciolate;

Olio evo.

Attenzione: alla ricetta di base puoi aggiungere condimenti come i legumi, pomodori, mais e tonno.

Come si prepara questa ricetta sfiziosa.

Sciacqua il farro e cuoci per 20 minuti. Nel frattempo, lava i peperoni, tagliali e cuocili con una teglia già foderata per 200 gradi per 40 minuti. Spella i peperoni una volta raffreddati. Scola il farro cotto e aggiungi acqua fredda. Inserisci i due ingredienti in un piatto, dove aggiungerai olive nere, sale, olio evo e gli altri condimenti a tua scelta. Mischia e buon appetito!

Il farro è un cereale molto apprezzato dagli italiani e non solo! Amato per essere usato in tantissime ricette è anche un alimento molto versatile da usare: in chicchi è l'alimento principe per preparare zuppe ed insalate di cereali; viceversa, la sua farina è molto utilizzata per preparare biscotti, pane e pagnotte saporite, grissini, taralli, pasta (soprattutto). E, c'è di più; non solo è molto amato per il suo gusto particolare e per essere un alimento molto, molto buono. In realtà, questo cereale apporta dei benefici validi al nostro organismo e fa molto bene. Bontà e Benessere in un unico piatto. Fonte di proteine è ideale per apportare al nostro copro ciò di cui ha bisogno come proteini e, soprattutto, sali minerali, fosforo, potassio. Come cereale, oltre ad essere molto amato è anche uno dei più antichi di sempre!

Ciò che lo contraddistingue è che sia un alimento con un ottimo contenuto proteico, è privo di colesterolo, regala energia e favorisce il buon funzionamento dell'intestino grazie all'alto contenuto di fibre. Contiene vitamine A, C e del gruppo B, sali minerali come fosforo, magnesio, potassio e ferro. Ma ciò che rende davvero unico questo cereale è l'elevata quantità di selenio che gli conferisce importanti proprietà antiossidanti. Studi recenti dimostrerebbero infatti come il consumo di farro sia associato ad una riduzione del rischio di tumori, del declino cognitivo, di malattie cardiovascolari e di problemi alla tiroide.

Polpettone di broccoli

Gli ingredienti per il polpettone per 4 persone sono:

800 grammi di broccoli;

Mozzarella;

30 grammi di farina;

Aglio (1 spicchio);

Olio di oliva;

2 uova;

Sale;

Pangrattato.

Preparazione della ricetta.

Taglia cime e gambi dei broccoli. Lessa in acqua salata per otto minuti e aspetta che si raffreddino. Attenzione: dovrai conservare qualche cima, da usare cruda per il passaggio successivo. Affetta la mozzarella e frulla con uova, farina e pangrattato. Bagna della carta da cucina e metti insieme il composto con le cime e i gambi cotti prima. Arrotola il foglio, in modo da creare la forma del polpettone. Chiudi il tutto, mettilo in una teglia e cuoci a 200 gradi per 40 minuti.

Buon appetito.

Preziosa riserva di vitamine e sali minerali: I broccoli sono una buona fonte di ferro, potassio, calcio, selenio e magnesio, nonché di vitamine A, C, E, K e una buona gamma di vitamine del gruppo B, incluso l'acido folico.

Antiossidanti: i broccoli contengono potenti antiossidanti, queste molecole sono in grado di inibire o neutralizzare il danno cellulare causato dai radicali liberi. Ciò può comportare una riduzione dell'infiammazione e un effetto protettivo generale per la salute.

Promuovono una digestione sana e la regolarità intestinale: ricchi di fibre, i broccoli supportano una sana funzione intestinale e la salute dell'apparato digerente. Grazie alla presenza di fibre alimentari aiutano anche a mantenere il senso di sazietà.

Aiutano, inoltre, la salute del cuore. Infatti, uno studio condotto da Nutrition Research ha scoperto che il consumo di broccoli al vapore riduce la quantità totale di colesterolo nel corpo e, di conseguenza, il rischio di malattie cardiovascolari. Anche un altro studio condotto negli Stati Uniti è arrivato a conclusioni simili evidenziando che l'aumento delle verdure nella dieta, in particolare le verdure crucifere come i broccoli, potrebbe ridurre il rischio di malattie cardiache.

Fortificano le ossa: la vitamina K contenuta nei broccoli è un nutriente essenziale per la coagulazione del sangue e può svolgere un ruolo importante anche nel mantenere le nostre ossa sane e forti. La vitamina K può migliorare la salute delle ossa in generale, nonché aumentare la densità minerale ossea e ridurre i tassi di frattura delle persone con osteoporosi.

Sapevi infine che i broccoli fanno bene alla vista? Già, proprio così! I broccoli contengono alcuni carotenoidi chiamati luteina e zeaxantina che, in due studi del 2006 e del 2003, sono stati collegati ad un ridotto rischio di disturbi agli occhi legati all'età, come la cataratta e la degenerazione maculare.

Pasta al pesto

Semplice e gustosa, è uno dei piatti più amati di sempre. La famosa pasta al pesto è una ricetta d'origine genovese ma molto apprezzata in tutta Italia. Per questo primo piatto vi consiglio di utilizzare ovviamente le trofie, che in questo caso sono il formato di pasta perfetto. Se non le avete in casa in quel momento, scegliete della pasta corta o lunga in base alle vostre preferenze. Sarà deliziosa a prescindere, è indifferente.

Il condimento sembra facile ma se si desidera mangiare davvero una buona pasta al pesto ci vuole un pochino di impegno in più! Ovviamente, qui, indico un pesto di basilico, ma sappiate che ne esistono moltissime varianti: di rucola, di frutta secca, di melanzane, di pistacchi. Tutti super gustosi e da provare!

Ecco gli ingredienti necessari per la pasta al pesto:

360 g di pasta tipo trofie;

50 g di foglie di basilico fresco;

100 g di olio extravergine di oliva;

1 cucchiaio di pinoli;

70 g di formaggio grattugiato;

30 g di pecorino;

1/2 spicchio di aglio;

1 pizzico di sale grosso.

Preparazione della ricetta.

In una pentola d'acqua sul fuoco, portate a ebollizione e salate. Quando avrà ripreso il bollore, fate cuocere la pasta. Seguite i tempi di cottura indicati sulla confezione e quando sarà cotta scolatela. Nel frattempo, preparate il pesto (per essere più veloci, useremo un mixer): frullate le foglie di basilico, l'aglio sbucciato, i pinoli e il formaggio grattugiato e aggiungete l'olio di oliva a filo quanto basta per ottenere una salsa cremosa. Poi, in una terrina, unite pasta, pesto e un paio di cucchiai di acqua di cottura in modo in modo da legare bene pasta e condimento

Consigli per un primo piatto veloce che sia però più sfizioso di una semplice pasta in bianco con del formaggio grattugiato? O del pesto? Magari non ne siete degli amanti. Allora, sono sicura che potrete andare sul sicuro degli ottimi questi spaghetti Parmigiano e pepe. Il segreto di questo piatto sta tutto nella realizzazione della deliziosa crema con il formaggio grattugiato (un po' come si fa per la cacio e pepe) e l'acqua di cottura della pasta.

Alcune indicazioni utili per i non amanti della pasta al pesto!

Scopriamo come realizzare degli spaghetti al cacio e pepe e quali sono gli ingredienti necessari:

360 g di pasta tipo spaghetti;

200 g di Parmigiano reggiano grattugiato;

burro q.b.;

pepe nero q.b.;

sale q.b.

Preparazione della ricetta.

Mentre tuffate gli spaghetti in acqua bollente salata, in una terrina a parte unite metà del Parmigiano e un mestolo di acqua di cottura della pasta fino ad ottenere una sorta di cremina. Quando la pasta sarà cotta, trasferite gli spaghetti nella terrina con il burro a fiocchetti, la crema di Parmigiano e il pepe nero macinato. Dopo qualche minuto di mantecatura, impiattate e aggiungete il resto del Parmigiano grattugiato. Io di solito uso degli spaghetti, ma potete scegliere anche delle penne o dei fusilli. Sono sconsigliati, invece, gli gnocchi che potrebbero spappolarsi nella mantecatura.

Gusto garantito! Da provare!

Printed in Great Britain
by Amazon